LÉON-PAUL FARGUE

SUITE
FAMILIÈRE

PARIS

ÉDITIONS DE LA NOUVELLE REVUE FRANÇAISE

3, Rue de Grenelle

M . CM . XX . IX

Exemplaire de Monsieur

Robert Azaria.

Léon-Paul Fargue.

SUITE FAMILIÈRE

est le dernier volume de cette série.

L'ordre des volumes annoncés "en préparation" sera probablement changé.

Je travaille actuellement à un ouvrage sur la musique, et je termine la deuxième partie des souvenirs d'enfance, qui fait suite à Banalité.

Je note aussi "l'histoire d'une maladie de la Terre." Mais tout cela peut être primé par le moindre incident...

Votre

L.-P. F

DU MÊME AUTEUR

TANCRÈDE (1894-1911). Éditions de la Phalange. — *Epuisé*
POÈMES (1905). Royer, Nancy. — *Epuisé.*

AUX ÉDITIONS
DE LA NOUVELLE REVUE FRANÇAISE

POUR LA MUSIQUE. Une plaquette. — *Epuisé.*
POÈMES (1912). 1 volume. — *Epuisé.*
POÈMES (1918). 2ᵉ édition suivie de POUR LA MUSIQUE.
BANALITÉ. — *Epuisé.*
VULTURNE. — *Epuisé.*
EPAISSEURS. — *Epuisé.*

EN PRÉPARATION

POINTES DE FEU.
PORTRAITS.
ÉTHIQUE.
LA LAMPE A HUILE.
VOYAGES DANS UNE BAIGNOIRE.

LÉON-PAUL FARGUE

SUITE FAMILIÈRE

PARIS

ÉDITIONS DE LA NOUVELLE REVUE FRANÇAISE

3, Rue de Grenelle

M . CM . XX . IX

SUITE FAMILIÈRE

Les vagues toussent dans leurs cornes.
François VALÉRY.

C'est le résidu vrai qui est divin.
MAISTRE.

IL Y A :

Trop de monde à la guerre, trop de monde dans
les rues, trop de vermine sur le monde, trop de
livres dans les boutiques, trop de pages dans les
livres, trop de phrases dans les pages, trop de lignes
dans les phrases, trop de mots dans les lignes, trop
de lettres dans les mots, à l'exception d'un seul si
je m'adresse à un cuistre; il y a trop à lire dans
les lignes et pas assez entre les lignes, trop de lecteurs,

et qui bâfrent, et trop peu qui, sachant manger, prétendent boire, trop de bourgeois dans le lecteur et trop de lecteur dans le bourgeois. N'éludons pas le mot bourgeois. Nous vivons dans une ville.

J'appelle bourgeois quiconque renonce à soi-même, au combat et à l'amour, pour sa sécurité.

J'appelle bourgeois quiconque met quelque chose au-dessus du sentiment. J'expliquerai cette mécanique.

Celui-là fait cloporte avec les pieds des autres.

Il ne peut respirer que l'haleine des autres.

Il n'existe que dans les autres, et par les autres.

Il souffle sa lampe, et s'éclaire au réverbère d'en face.

Il incorpore la moyenne universelle dans la substance personnelle, et réciproquement. Mais l'irradiation se fait mal, et il s'enkyste.

Ses vêtements le portent. Il ne les porte pas.

Si tu sautes en hauteur devant lui, tu le rends cardiaque.

Il n'est pas d'une méchanceté cérastoïde. Il ne ferait pas de mal à un lion.

C'est un requin sans les dents. C'est un oursin sans les épines.

Il ne s'approche d'une langue, ou d'une idée, que
s'il la croit bien morte, et qu'il la voit momifiée
dans une vitrine, et que ça ne peut plus mordre,
et il s'en approche sur la pointe des pieds.

Il aime la nature en boîtes de conserves, avec
une clef pour les ouvrir, et il les rate.

Il a fait fi du patois de son cœur pour apprendre
la grammaire de la caste.

Il a le sens de la caste comme un animal a le
sens du danger.

C'est un aliéné du sentiment.

Ces gens-là nous traînent sans relâche à la lèche.
On comble d'honneurs les pieds plats, les pieds
bots, les continuateurs de Kekschaus, les continuateurs de Ronsard, les continuateurs de Conrart, les
continuateurs de Law, les continuateurs de Gobseck,
les continuateurs d'Onan, de Volterre, de Banville,
de Javert, de Dreyfus. Fléchier avait fondé une académie de plagiat. Si nous faisions une académie de
pourliche ? Des messieurs vendeurs aux chicots

soignés, le maintien sévère et la bouche mielleuse, transparent au gilet, condylome à la boutonnière, nous engagent à chausser les vieilles pantoufles de Louis XIV. Nous préférons marcher pieds nus. Nous avons les pieds préhensiles.

En art, pas de hiérarchie, pas de sujets, pas de genres. L'art n'a pas besoin de luxe, de bijoux, de cabochons, de pastilles du sérail fumant dans le sang de Jean-Baptiste, comme un mégot dans un vieux pot de confitures, de promenades le long d'un fleuve avec de grands lévriers et des idées de suicide, d'héroïnes intoxiquées, de madones pharmaceutiques, de penseurs à tête de gendarme anémique, d'esthètes aux postures de lion fatigué, de villes d'art, de feublime, comme parlait Barrès, de grands particuliers comme Chateaubriand, pédicure pour reines barrées, tueur de rats musqués dans sa chambre; Byron, coiffeur d'orages; Vigny, précurseur du vicomte de Borelli, barre de nouille peinte en acier; Lamartine, fantôme de redingote aux pellicules d'étoiles; d'Annunzio, conserve d'art, sorcier de Musée Tussaud, cierge vénéneux pour messe noire. Ces messieurs se prévalent de mots qui ont de la grandeur par eux-mêmes. Ils se surclassent du pedigree universel. Ils déclament au centre d'un panorama de saints lieux communs couronnés de feux de Bengale, d'illustres dômes chauves à perruque d'or et de bocaux pata-classiques : « Accourez, flammes de l'Esprit! » Les grands raseurs travaillent dans l'in-folio, comme il est convenu que les prix de Rome d'architecture ne construisent que des bâtiments officiels et des palais nationaux.

Ne mets jamais d'eau dans ton vin.

Je ne vois dans l'art que le pur « cristau », le grain d'aniline qui peut colorer un verre à liqueur, un verre à dessert, une flûte à Champagne, un verre à Bordeaux, un magnum, un jéroboam, une dame-jeanne, une jarre, une barrique, un cuvier.

Le verre à liqueur ne m'intéressait déjà plus.

Dans l'art, le ver de radium qui sourd, unique, avec une terrible douceur, comme une idée fixe dans le sommeil, comme le bond commence à cligner dans la gangrène en veilleuse des serpents, comme la mort ouvre l'œil dans le spermatozoïde, dans les villes aveuglées, sous les sommiers des terrains cerclés de douves crayeuses, plus bas que les vieux trônes et les carcasses, sous les marteaux feutrés de la nuit...

L'art dans le cristau de bismuth qui descend en lui-même et s'étage à l'intérieur. Il s'irise et n'est pas d'un goût très pur, mais quel escalier pour un pou mégalomane !

Il n'y a pas assez de circonvolutions dans les cerveaux pour qu'ils simplifient. (Voir le schéma du cerveau du mathématicien Gauss).

Il n'y a pas de simplicité véritable. Il n'y a que des simplifications. Le naturel en littérature suppose le comble du travail, ou de la manière.

Il faut qu’il y ait des colonnes. Le moment vient où l’édifice tient tout seul, et où tu peux les retirer, doucement. Mais il faut que leur fantôme se fasse toujours sentir.

Ne laisse tomber sur la page que ce qui stille. Ne tire pas sur la stalactite. Ce n’est pas une tétine.

Il faut que chaque mot qui tombe soit le fruit bien mûr de la succulence intérieure, la goutte qui glisse du bec de la bécasse à point.

Ne nous sers que du café filtre.

Chabrier s’impatientait des longueurs de je ne sais plus quelle symphonie : « Tu as tort, lui dit un ami. C’est tout de même une machine construite. Attends que le plan se dégage. »

: « Et si je veux que ce soit bien tout le temps, moi ? » répond en bâillant Chabrier.

Trop de mots. Ne laisse se lever de leur place que les chefs de file.

Ne laisse sortir qu'un mot d'élite, un débrouillard bien nourri, bien équipé. Tu l'arrêtes longtemps à la grille, et s'il est fin prêt, tu l'envoies faire les commissions pour tout le monde.

Ferme tes carrés de murs sans lézardes. Surveille tes ouvriers. Garde-toi des fuites.

Surveille le mot qui se trouve à la pointe, prêt à sortir. Le sergent Rabot, d'Erckmann-Chatrian, qui se trouvait un peu en l'air à l'angle des divisions Donzelot-Marcognet, fut longuement frotté de biais par un demi-tour de cavalerie anglaise. Il se défendait de toutes ses forces en pensant à sa vieille maman, mais, au bout d'une minute, il avait l'air en caroubier. Soutiens la charge du lecteur. Ménage tes mots pour leur travail.

Quand tu commences la musique, ou la boxe, ou le poème, tu raffines sur des casse-tête harmoniques, tu fais trop de feintes, tu penses en triplets. Ce n'est que plus tard que tu te résumes dans un petit groupe infaillible, dans une touche heureuse. As-tu jamais vu tirer Rue? Il restait en ligne, immobile et comme pétrifié. Tout à coup, il touchait droit, l'air étonné, comme par hasard. Ad augusta per angusta. La réciproque est vraie, si ça te fait le moindre plaisir.

Ne fais donc jamais de citations classiques : Tu exhumes ta grand'mère en présence de ta maîtresse.

Nous ferons renifler aux cuistres, s'ils nous embêtent, tes compositions et tes thèmes annotés par notre maître Edet. Nous y trouverons l'occasion de reparler de cet homme excellent et juste.

Il faudrait bien, une fois pour toutes, en finir avec ces machines-là. Nous en sommes faits, c'est entendu, mais que ça ne sente pas, c'est de la politesse la plus élémentaire. Et puis, nous avons autre chose.

Vous n'allez pas, toute la vie, ressasser les souvenirs que vous prétendez avoir du ventre de madame votre mère.

Saint-Amant, qui est tout imprégné de latin, n'en savait pas un mot.

Pas trop de lectures. Tu décales ton équation. Tu engraisses ta cellule noble,

Pas trop de voyages. C'est aussi d'un aliéné sentimental, ou d'un parvenu.

Tu émousses ton goût dans ces pickles. Tu perds ton aiguille dans cette botte de lianes. Tu t'édulcores dans ces sabirs. Tu te mithridatises.

Tu te crois libre parce que tu pars, et tu emportes tes pantoufles.

N'en parle pas trop. C'est d'une débutante qui n'en revient pas d'échanger sa malle de bonne, poilue comme un déménageur, contre une malle de chez Vuitton.

Pas trop de citations d'anglais, d'italien, d'espagnol. Tu as l'air d'un larbin d'hôtel qui colle des étiquettes sur des bagages.

Enfin, que ton anglais ne te sorte pas par le nez.

J'aime le Tour du Monde et le Journal des Voyages. J'aime trouver l'image des villes célèbres sur les vieux paquets de chicorée de Bressuire.

Qu'est-ce que tu vas voir ailleurs? Des Français que ce n'est pas vrai, qui parlent l'argot parisien mieux que moi-même et qui ont une chéchia sur la tête?

Les Ritz et les Majestic sont devenus des bouillons de littérature diplomatique. Les cousines férues d'art y vont en voyage de noces. Il faudra trouver autre chose.

Si le Port de la Villette et le Canal Saint-Martin, pleins de crinières d'écluses et de lumières marines, se passaient à Venise ou à Amsterdam, tu les trouverais admirables, et tu ne les connais même pas.

Quand il écrivait le Bateau Ivre, Rimbaud n'avait jamais vu la mer.

Ce que tu écris, si c'est fort, a les dehors d'une fausse modestie.

Descartes fait des mariages de raison. Rimbaud des mariages d'amour.

Les poètes font les derniers. D'un coup de trompe, une trompe de la vallée de Thévalle, ils font venir des quatre coins de l'univers les personnes et les images les moins assorties, les plus étranges en apparence, et ils les marient, et ils les serrent comme les hémisphères de Magdebourg, et au bout de cent ans, on s'aperçoit que ça fait de bons ménages, tout aussi bien que les grands mariages de Descartes, et que ça marche — pour l'éternité.

La meilleure façon de gagner Dieu, c'est de bien faire ce que tu fais. Les gens qui s'occupent tout le temps de Lui me font penser à ces ouvriers qui demandent sans cesse audience au patron. Pendant ce temps-là, l'ouvrage ne se fait pas.

Laisse donc les dieux tranquilles. Si tu les sursatures, ils te foutront qq. jour un coup de pied qq. part dont tu ne te relèveras pas.

L'ouvrage ne doit pas être trop vaste. Il faut qu'il soit circonscrit dans le champ d'une vision nette et que l'esprit s'y puisse rassembler. Mieux tu diaphragmes, meilleure est l'image.

Coupe les cheveux à ton lyrisme. Coupe lui même un peu les ailes. Laisse voir tes yeux entre tes doigts. Scalpe l'emphase. Une grande phrase est un cri de mondaine. Un mot, rien qu'un petit mot bien placé, je t'en supplie.

La petite terre frileuse de Tanagre ou de Cyrénaïque, déroulée comme une oreille pure, me touche autrement que tout le théâtre de Rodin, avec son tonnerre de coups de pouces.

La qualité, c'est de la quantité assimilée.

Le génie est une question de muqueuses.
L'art est une question de virgules.

Les mauvais poètes sont des poètes inspirés.

Le mot lampe est commun au poète et au lampiste.

Le lecteur croit que les mots ont un sens.

Ouvre ta porte au lecteur. C'est à lui de trouver les cachettes.

Tous les matins, avec une brosse demi-dure, nettoie ton cerveau de ce qu'il a mangé la veille.

Il tombe une pluie d'une finesse et d'une lenteur insolites, qui passe devant les lumières comme une petite chevelure rousse et vient se poser presque sans couler sur les tortues vernissées de la ville embouteillée.

Pendant ce temps, dans leur créneau, sur leur pied-selle et jusque dans leur lit, les pisse-bouquins, d'une dent de crotale inoffensive, distillent un venin délébile, grâce à ce bon papier de bois.

Ne te laisse pas te spécialiser. Garde-toi de l'orthopédie. Reste un amateur distingué.

J'ai fait mon choix depuis longtemps. Je préfère les hommes aux œuvres.

J'ai des amis qui n'ont que des qualités d'hommes, et je les aime.

J'en ai qui sont de fameux artistes et dont l'approche m'interdit, comme à la vue d'un prisonnier qui s'avance derrière sa grille.

L'art m'a fané mes meilleurs amis.

Ce n'est pas ce qui se passe dans votre tête qui m'intéresse. C'est que vous ayez une tête.

Comme vous êtes drôles à regarder, mes chers Coludions. Je n'en reviens pas.

Vous attrapez une théorie qui sera virulente un quart de siècle, vous bricolez une invention qui tournera bien sur un demi-siècle, vous écaillez une découverte qui ne sera pas recouverte avant un siècle, c'est-à-dire une petite journée de ces temps quaternaires où nous sommes encore. Là-dessus vous direz que la terre est constante dans tout le système et que la pluralité n'est qu'un mirage, ou que la terre est bien immobile, avec trois étages comme dans les mystères, sans parler de ceux des chemins de fer souterrains, des hydrobus aux yeux boulus d'or bousculant les squales dans la mer, des grill-rooms populaires établis depuis peu de siècles aux abords du feu central, et de ceux des avions montant les bras en croix dans l'éther, aspirés vers d'autres cantaloups par des bancs de larves encore mal connues, périsprit de la terre à l'état colloïdal.

Qu'importe que tu penses le monde ou qu'il te pense, que nous soyons les crayons électriques, les vespertilions, les étincelles d'une association foudroyante, d'une catalyse divine, d'une poussée de granulie cosmique, de l'erreur d'un vortex lanceur d'un lasso de rides géniales, et que je me dévide vertigineusement avec ma chaise. Tout ce que nous pouvons dire, faire et trouver, va, c'est de l'homme, et l'Inconnue joue avec nous comme le chat avec la souris.

J'ai vu, tout au bout d'une vaste machine et dans un endroit quasi sexuel, un petit rouage endormi qu'un long bras d'acier venu de loin réveillait parfois d'un air pimbêche. Il sortait alors de son boîtier, s'allumait d'un anneau rose, s'ouvrait comme une bête qui va prendre son vol, déployait une sorte de trousse, et se mettait à faire une besogne locale en tournant dans son petit cercle avec un bruit de macroglosse. D'instant en instant, il avait l'air de profiter d'une certaine tolérance pour s'écarter à droite et à gauche, en tournant son œil de caméléon à l'helium, comme s'il avait voulu courir en liberté sur les grands plans que la courbe perd, tourner sa planète et voir ses dieux. Mais à peine avait-il cligné sur le moyeu de la deuxième bielle, il ralentissait, comme à regret, soufflait petitement, faisait entendre une plainte décroissante, son œil pâlissait par degrés, lâchant une larme de graisse, il bouclait sa petite voirie, rentrait dans sa gorge, et se rendormait. C'est ce qu'il avait de mieux à faire. Et ainsi de suite.

Je ne m'intéresse plus qu'à votre caractère, que vous n'avez pas cultivé. Le caractère est un métier, que vous ne voulez pas apprendre. Quand nous y mettons-nous ?

Je ne m'intéresse plus qu'aux moindres lapsus de votre mystère.

Non, ce n'est pas votre savoir que j'aime en vous, c'est ce patois de l'âme, et cette vocation pour le bonheur, que vous parlez si bien quand vous n'y pensez pas.

Quand nous sommes arrivés à Argenton-sur-
Creuse, où je t'amenais pour la première fois, nous
étions un peu soûls des conversations de ce long
voyage en voiture, la glace baissée sur le crépuscule,
et des tableaux et des bruits de la route; les rayures
et les rumeurs; les villages en tricot roux, l'odeur
de pain chaud de midi; les longs fils de miel des
insectes... le tournoi des cires chantantes... le sucre
violet du soir... l'iris qui sort des cheminées. Tu te
souviens? Nous sommes descendus à l'hôtel de la

Promenade, et nous avons demandé un tire-boutons à un garçon triste. Et il nous a dit, en nous l'apportant : Tenez donc, Messieurs, avec une inflexion si douce, un regard si fidèle à sa vie de province, enclose et docile, un geste si content du soin de bien servir, que nous nous sommes regardés, et que j'ai senti monter une absurde envie de pleurer. Et puis, c'était dans mon pays, plein du souvenir de mon père et des vacances.

*
* *

La nuit venait. La Vierge d'or se voilait là-haut, sur sa colline. Les persiennes se fermaient sur les pots de fleurs, bientôt réglées d'une portée de lampe, enfumée de formes qui nous épiaient. Des pas lourds tournaient la rue, bronchaient sur les pavés pointus. Des jeunes gens entraient d'importance au café. Le pharmacien prenait le frais dans les yeux de son omnibus. L'épicière amoureuse pressentait l'automne. Un train bâillait longuement dans la gare voisine. Le bruit de la Creuse commençait à fraîchir le long des jardins bordés de vapeur et des maisons éteintes où dorment les vieux grommeleurs et les fillettes qui grattent le mur.

C'était l'heure où le chagrin s'ouvre quelque part, comme un pétunia, pour l'insomnie.

D'une fenêtre qui veillait, dans le haut des toits, grande ouverte et vide, un chant de femme partit comme une étoile filante. Resté seul entre ses deux cierges, un piano se mit à compter ses larmes.

Je voudrais retrouver le calme de ces jours, et répondre d'un cœur tranquille au doux cri d'Argenton qui traversait la nuit.

BRUITS DE CAFÉ

*Un peu de café après le repas fait
qu'on s'estime. Madame, c'est de Villiers
de l'Isle-Adam.*

(Conversations de la Nouvelle Athènes,
avant 1900).

...Impetu magis quodam animi...

(CIC.)

— De l'humeur dont je suis, ne venez pas me
parler raison.

*
* *

— Dans nos livres, il y a trop d'appelé et trop d'élu.

*
* *

— Le bon écrivain est celui qui enterre un mot
chaque jour.

*
* *

— Un écrivain est horizontal, ou vertical.
Celui-là écrit à la course, et pour arriver le
premier. Le voyage ne l'intéresse pas.

Celui-ci s’arrête dans les patelins, jubile, flaire, écoute, fouille, et fait parfois sortir une source.

Pour lui, les mots sont artésiens.

*
* *

— Le style appelé généralement clair est un style qui n’a que des tranchées de première ligne. Il n’y a rien là-derrière. Ça ne tiendra pas.

Une phrase claire à la première lecture vous contente comme une femme facile. A la deuxième, elle se vide.

Une phrase obscure... etc.

*
* *

— Pauvre phrase claire ! Ça coule, ça se démaille, ça file comme du cousu machine.

Vous ne paîrez jamais assez le cousu main.

Le bon marché est toujours cher.

*
* *

— Du temps de votre jeunesse, on se moquait des penseurs. Ayons égard aux penseurs.

— Du temps de notre jeunesse, nous n'aimions pas les enherbeurs. Et si j'étais Cambronne, vous m'entendriez mieux.

*
* *

— Soit. Respectons les penseurs.

Respect au maître. Honneur aux dames. Défense de cracher par terre.

Comme on le lisait sur un écriteau, dans les vieilles salles d'armes.

*
* *

— Je respecte les penseurs. Pas ceux qui cultivent le genre penseur.

La pensée, oui, dans une belle chair. Une belle voix, dans un beau corps.

Aimez-vous mieux une belle garce qu'une sainte femme mal bâtie?

*
* *

— Mais pas la pensée qui tourne à vide et qui repart, et qui fait toutes les maisons sans trouver la bonne, pagure de toutes les coquilles, insecte agile et désorienté, qui s'empêtre dans la vitesse, et brouille longuement ses outils dans l'espace avant de se garer dans un fruit de la terre.

*
* *

— Pas le songe-creux. Pas le jargon.

*
* *

— Qui dit cérébral ne dit pas nécessairement intelligent. Repassez ça de temps en temps.

*
* *

— Il y a une maladie chronique, une sorte d'impaludisme de l'intelligence. Maladie critique, qui pousse des furoncles d'idées. Prurit des idées. Bourse aux timbres des idées. — Maladie scolaire. Infatuation universitaire. Retour offensif du pion. Sorbonne de persévérance.

— Maladie bourgeoise. Pesante et sournoise comme la Grande Muette. « Manœuvre de la tortue » qui se pousse contre l'amour.

— Œuvre de chair ne désireras qu'en mariage seulement. Et seulement pour faire des enfants. Et des idées.

*
* *

— Combinaisons d'idées, combinaisons de mots, combinaisons de lettres, combinaisons de signes.

Pièces interchangeables de « meccano ».

Ça sonne creux, sec, dormitif comme le trictrac.

*
* *

...Ces gens qui remuent des idées, toute la vie, comme des osselets, comme des boutons dans une boîte, avec un bruit de cailloux roulés sur la grève...

*
* *

— En poésie, l'intelligence fait les commissions, porte les paquets, se renseigne et vient au rapport, fait les comptes, classe les petits papiers, choisit dans les lettres d'amour, téléphone et prépare le bain. Comme une servante jaune et noire auprès d'une belle maîtresse.

— La poésie prend la raison pour confidente.
Elle fait confiance à cette fille, sèche, entendue et
qui sent la fourmi, qu'elle a sauvée de l'anémie
pernicieuse, et qui la sert fidèlement.

*
* *

— On dit avec tristesse : Il est intelligent. Du
même ton qu'on dit d'une femme laide : Elle a de
beaux cheveux.

*
* *

— L'intelligence dépersonnalise.

*
* *

— Dans l'homme du second degré, le penseur,
c'est le bourgeois.

*
* *

— Présomption de l'intelligence : Empiétements

épileptiformes. Délires intervallaires. Avances d'hoirie précipitées. Chien qui tourne en rond pour se mordre la queue. Gosse qui monte sur une chaise pour se mordre le front.

Bavardage de l'esprit : Bégaiement organisé. Niveau d'eau qui cloque. Boussole affolée. Joueur pressé de gagner qui a un train à prendre et secoue rageusement les dés dans leur cornet. Chorée de la tête...

*
* *

— L'intelligence envisagée comme une aptitude spéciale, à compétence un peu plus étendue que toute autre, parasite de toutes les autres, mais aptitude spéciale quand même, et qui ne saurait, pas plus que toute autre, prétendre à la dictature.

... Guetter le point où son activité n'est plus qu'illusoire et ne marche plus que par vitesse acquise, jusqu'à devenir convulsionnaire, ou somnambule.

...Une glissoire sinueuse où la vitesse vous entraîne, ricoche et fait malgré vous ses figures, décroche vos voitures l'une après l'autre, et part toute seule.

*
* *

— Il faut d’abord se laisser faire, accueillir, laisser porter, donner table ouverte. Ensuite organiser, manœuvrer, trier.

*
* *

— Je n’aime pas l’intelligence pure, pepsine qui se digère elle-même.

J’aime l’intelligence qui colle au substantiel, aux contours du travail, aux secrets de l’amour.

J’aime l’intelligence qui fait effervescence avec les choses.

J’aime l’intelligence qui mange de la viande.

*
* *

— L’intelligence qui vit d’elle-même thésaurise. Elle dessèche comme l’avarice.

*
* *

— L’intelligence, régulateur dans un moteur à gaz pauvre...

*
* *

— L'intelligence, comme le radium, combat des cancers ou les produit.

*
* *

... Mais vous fouillez dans la cellule, et vous ne trouvez jamais dans le noyau qu'un certain M. Durand, qui vous dit n'avoir pas qualité pour traiter.

*
* *

— Vous faites le ménage de l'univers avec les ustensiles du raisonnement. Bon. Vous arrivez à une saleté bien rangée.

*
* *

— L'intelligence tend au complet. Si elle commence, il faut qu'elle ne s'arrête qu'elle n'ait bouclé la sphère. Je ne veux pas qu'elle aille en zigzag.

Faire le complet de quelque chose, la grande culture n'y suffit pas, qui n'a pas le temps de tout embarquer. Il y a bien son système de ramener tout à quelques questions. Mais, honnêtement, je devrais connaître le matériau, le particulier, l'incident, le groupe secondaire, et de proche en proche, et de cercle en cercle, connaître tout.

Pour parler décemment de Dieu, pour hasarder la moindre explication du monde, peut-être faudrait-il savoir tous les métiers, la verrerie, la céramique, les procédés de la teinturerie, le bon assemblage à queue d'aronde, la gravure au sucre, le manuel Roret, tous les commettants, toutes les pratiques.

— Hegel : La nature est un système de moments qui procèdent nécessairement les uns des autres, et dont chacun est la vérité de celui dont il résulte.

— Spinoza : Un corps qui est en mouvement ou au repos a dû être déterminé au mouvement ou au repos par un autre corps, lequel a été déterminé au mouvement ou au repos par un troisième corps, et ainsi à l'infini.

— Je crois que te voilà rivé ?

*
* *

— Alors, mieux vaut être poète, c'est-à-dire agir.

*
* *

— La poésie travaille en fait. Justice naturelle. L'intelligence, en droit. Justice légale.

*
* *

— En art, il faut croire avant d'y aller voir.

*
* *

— En art, il faut que la mathématique se mette aux ordres des fantômes.

*
* *

— Il y faut faire sa matière soi-même. Comme un pianiste fait sa sonorité.

*
* *

— Littérateurs, on nous dénie le droit aux recherches de pure matière, qu’on accepte, l’esprit fermé,
de la peinture et de la musique...

*
* *

— Quand tu lis un livre, pèse les mots, regarde
les objets qu’ils veulent représenter, joue au furet
derrière l’auteur, en gardant toujours tes distances,
fixe rapidement ses rapports, et tu auras bientôt ses
mesures, — en tenant compte des tolérances.

*
* *

— On me reproche mes variations. Mais on n’écrit
pas un poème comme des mémoires, et des maximes
comme des cauchemars.

*
* *

— J’écris pour mettre de l’ordre dans ma sensualité.

*
* *

— L'homme qui aime d'écrire, (et qu'on écrive), s'il est concis dans la richesse, c'est qu'il connaît la vie mieux que les autres hommes.

*
**

— Une phrase parfaite est au point culminant de la plus grande expérience vitale.

*
**

— L'art est à la vie ce que le sperme est au sang.

*
**

— « Au commencement fut le verbe. » Les idées sont les parasites du verbe.

Les idées sont une maladie de la parole. Une noix de galle sur une épissure.

Il faut faire des mots les phagocytes de toutes ces idées inorganiques.

*
**

— Les lourds faits providentiels font venir, comme

un aimant, les idées que vous croyez mouvoir. Ils
jouent le rôle d’agents provocateurs.

*
* *

— Une idée, c’est une belle occasion de se taire.
...Elle est perdue.

*
* *

— Règle-toi, pour être délicat et fort, comme un
marteau-pilon qui bouche une bouteille au ras du
goulot sans le toucher.

*
* *

— Vos idées, dans leurs rapports, sont des affiches
mal repérées.

*
* *

— Les idées sont des vêtements sur mesures
qu’on a fait passer dans la « confection ».

Des laissés pour compte. Des lieux communs,
que vous retouchez.

*
* *

— L'intelligence est un capitaine qui est toujours en retard d'une bataille.

Et qui discute après la bataille.

*
* *

— Abuser de l'intelligence, en art, équivaut à recourir, pour plaire en amour, aux artifices de l'esprit.

*
* *

— L'intelligence qui vit sur elle-même pousse les pâles fruits des unions incestueuses.

*
* *

— L'intelligence appliquée à elle-même me fait penser à M. de Crac, qui essayait de se tirer d'un marécage en se soulevant par sa perruque.

*
* *

— Ne vous obstinez pas à croire qu'expliquer
tend à définir.

*
* *

— Etre intelligent, c'est percer le fût, aveuglé-
ment, comme un gabelou. Non pas tourner autour et
tâcher de savoir.

— Nullement. C'est planer, entourer, repérer dans
l'ensemble, envelopper de passes, circonvenir : Orphée
à rebours.

*
* *

— Le centre de gravité de la tradition se dépla-
cera sans cesse, comme le centre des villes et celui
des plaisirs. Impossible d'en fausser l'axe en l'endor-
mant au XVIIe siècle.

*
* *

— Il faut que les mots soient nourris par en
dessous. N'espère pas de hâter leur pousse en tirant
leurs feuilles.

*
**

— En art, c'est-à-dire en amour, il faut que l'intelligence suive, comme un suiveur suit une femme, avec l'idée de l'entretenir.

*
**

— L'intelligence, en poésie, joue le rôle de l'institutrice d'une grande courtisane.

*
**

— Vous ne parviendrez au sens intime des choses, et vous n'y ferez parvenir les autres, qu'à la condition d'en posséder le corps, et d'être là-dessus d'une indiscrétion savante et dosée.

*
**

— L'art ne sera que là où vous saurez percevoir, et faire apercevoir, la solidarité haineuse qui lie l'être et le vivre.

*
**

— Nos professeurs nous parlaient du soleil de la Grèce avec l'accent de la nuit, de la cave, et l'odeur d'un vieux pigeonnier.

*
* *

— La mode est une fille à qui sa mère veut survivre.

*
* *

— Si le nouveau vient avant le terme, il faut le mettre dans une couveuse. Alors, à quoi bon?

*
* *

— Le nouveau n'est viable qu'à l'âge de raison. Mais alors, il n'est plus nouveau.

*
* *

— Certains voyageurs me font penser à ces noceurs qui changent constamment d'établissement pour fuir un ennui qui les travaille comme une puce : l'autre ne les lâche pas comme ça !

— Le voyage, et l'ennui, sont à l'intérieur.

*
* *

— La poésie affine l'intelligence comme une jolie femme affine l'homme de son mariage de raison. Elle lui apprend la peinture et la musique...

*
* *

— Travail poétique :
— Des corps simples reconstitués.
— Des précipités.
— La plus grande collection de faits digérés dans la plus étroite synthèse.
— Le plus grand nombre de faits ramenés au plus petit nombre de lois.
— Quelques réciproques sont vraies.

*
* *

— La poésie, cette vie de secours où l'on apprend à s'évader des conditions du réel, pour y revenir en force et le faire prisonnier.

— La seule prestidigitation qui ne soit pas truquée.

— Le seul rêve où il ne faille pas rêver.

— Le point où la prose décolle.

— Le moment où la prose marmotte, se lève de table, et pousse sa romance.

— Une leçon de choses chantée.

*
* *

— Une forme jésuitique de l'intelligence.

— Un pieux mensonge.

— Une politesse rendue à Dieu, avec un mot du cœur en plus.

*
* *

— La poésie bat la logique comme Polichinelle bat le commissaire.

*
* *

— Ce qui m'irrite dans Annunzio, dans Barrès, et dans quelques autres bellâtres de lettres, qui peuvent avoir des mérites, c'est qu'ils ne peuvent pas se passer du luxe, du luxe tout fait, du luxe d'argent, du luxe de l'âme, du luxe des gestes, du luxe lyrique. Ils ne font rien avec peu de chose, ils ne peuvent rien faire tout seuls. Ils sont incapables de construire sur un fonds modeste. Il leur faut vraiment ce qu'il y a de plus cher, et que ce soit prêt à porter. Ils croient encore à la hiérarchie des sujets, des classes, des noms propres, des légendes. Ils ne voyagent qu'en première classe. Ils ne parlent qu'aux officiers. Ils font de l'œuvre une sorte de Cour. Ils ne conçoivent pas que le seul sujet soit l'écrivain même, s'il est un homme. Il leur faut des héros, des sites, des villes d'art, des chefs-d'œuvre, de vieilles renommées, des partis célèbres, de riches mariages d'art. Il faut que la besogne, il faut que l'art aient été fondés par les autres, comme les belles fortunes et les bonnes maisons l'ont été par les ancêtres. Ils sont les fils des œuvres des autres. Ils sont les fils à papa de l'art.

Ils n'aperçoivent pas qu'on peut faire des miracles avec de toutes petites choses, avec le médiocre, avec l'anonyme. Ils ont bien l'air de ne pas savoir que les enfants font de grands voyages dans une petite caisse, jouent au chemin de fer avec une bobine, construisent un moulin avec une noix vide, et rêvent là-dessus les plus beaux poèmes. Comment donc ont-ils joué, s'ils ont jamais joué, quand ils étaient petits?

Je les trouve pareils à ces entripaillés qui n'ont de regards que pour les femmes en vue, les filles cotées, les pralines officielles, sans jamais voir la beauté qui passe, inclassable et mystérieuse.

*
* *

— Ils me dégoûtent tous. Les uns veulent nous faire prendre pour de l'énergie, pour de l'enthousiasme ou de la probité, leurs cris, leurs gesticulations, leur bave de gens qui ne vivent que l'écume à la bouche. Si on pouvait chercher dans leur circulation, on y trouverait trois faux haricots rouges.

Les autres nous donnent leur petite nature, leur indigence, leur sang de navet, pour l'œuvre du goût le plus dépouillé. Parce qu'ils sont privés, ils veulent nous faire croire qu'ils se privent. Parce qu'ils n'ont pas de quoi se nourrir, ils mettent l'art à la diète. C'est « Le Renard ayant la queue coupée ».

*
* *

— Le psychologue : une crème de menthe qui voudrait passer pour une absinthe.

— Impossible d'écrire comme tout le monde.

C'est-à-dire comme ces gens-là :

Les puristes : La tendreté de cette femme l'inclinait à la donaison.

Les archaïsants et les basochiens : Encore bien même que, de la façon, je n'appréhende point d'inférer de ces prémisses qu'il faille controuver ce que de droit, je ne veuille point y croire.

Les académistes : Assez ironique pour être timide, assez timide pour être ironique, c'était un homme brave et un brave homme, etc.

Les philosophailleurs primaires : Cette splanchnologie de la conceptibilité s'avère d'une armoirie personnelle introspectrice.

Les critiques d'art : La peinture sera spatiale, constructive et mammiphobe.

Les scientistes : La matière sera-t-elle granulée, ou granuleuse ?

Ah ! nn... nnon, par exemple !

Deux fois, une petite !

*
* *

— L'intelligence fixe le fait. Puis elle l'abrutit

pour le faire entrer dans son système, comme la Chinoise abîme ses pieds dans ses brodequins.

*
* *

— La raison, quand elle pique une crise, flanque à la poésie toutes sortes de maladies pour l'empêcher d'être belle à trop bon compte.

*
* *

— Le meilleur poème en vers réguliers sera le moins farci de remplissage. Mais il y en aura toujours.

*
* *

— Le vers régulier vous inspire confiance.

On tombe plus facilement d'accord, et on se sent plus solide sur des pieds que dans une transe, toujours suspecte.

En outre, il vous promet vaguement un calembour.

Alors, il est de tout repos.

*
* *

— Vous êtes des badauds qui avez besoin d'emboîter le pas à un régiment, que vous prenez de bonne foi pour un poète.

Moi, j'aime mieux les passants.

*
* *

— Le vers régulier n'est qu'un cadre, où vous ne vous faites pas faute d'encadrer des navets.

Mais ne vous dites pas que le cadre vous protège.

*
* *

— Si le vers régulier vous abîme les pieds, faites-vous un vers à votre mesure.

Ecrivez en prose, mais ne faites pas de la bromhydrose.

*
* *

— Je me suis fait un vers libre régi par l'alexandrin. Je ne rime pas quand je ne veux pas rimer.

— Représentez-vous le poète consultant soucieusement son dictionnaire de rimes. Et je vous défie de dire que les plus grands poètes n'ont pas marqué ce pas

ridicule. Amour, tambour, virole, variole, mélange-t-
on, Melanchton, vieillard en sort, hareng saur, etc.

Sur ce pénible temps d’arrêt, le front du poète
apparaît sur l’écran comme le fessier du vers régulier.

*
* *

— Victor Hugo est un immense poète quand il
ne fait pas d’effets avec son métier. Quand il ne fait
pas rouler ses muscles comme à la parade, chez
Marseille. Quand il ne se donne pas de grands coups
de poing dans le caisson, comme fait le gorille
avant d’attaquer le chasseur.

*
* *

— Baudelaire est un faiseur de miracles, quand il
ne met pas à son cœur un suspensoir d’un goût détes-
table. Quand il ne grimace pas comme un nègre
blanc malade de la poitrine.

*
* *

Notre maître Mallarmé gante juste. Il met quel-
quefois deux doigts dans le même.

*
* *

— Claudel : Un phare aussi grand que le doigt de Dieu, qui montre le ciel aux moutons enragés, qu'il repousse à coups de brûlots admirables. Quand il est en humeur de rire, il met le tonnerre en brochette, et fait l'amour avec des mælströms.

*
* *

— Valéry posait ses marrons, on ne savait où, dans les ténèbres. Un jour, le voilà qui allume sa mèche, et des cordons de feu tirent de toutes parts, dessinant des chemins qu'on ne connaissait pas.

*
* *

— Valéry n'attend pas les points de vue. Il crée les points de vue. Il jette une pincée de rapports, qui se déplient à vue d'œil comme des fleurs en bois japonaises, se mettent au point comme dans le champ d'une jumelle, prolifèrent, et se déduisent à l'emporte-pièce, d'un petit coup de silence, comme les cristaux.

*
* *

— Valéry apporte cette chose énorme : Une émotion de pensée d'une vibration sentimentale.

*
* *

— Valéry apporte à la pensée de nouvelles façons de s'y mouvoir, un entraînement personnel, des prises fraîches : le jiu-jitsu dans le cartésien.

Le domino qui l'intrigue, il lui tire les vers du du nez : c'est lui qui le soûle.

Il ne se laisse pas surprendre. Il se tourne de tous côtés, polyédriquement. Vertigineusement, dit Edgar Poë.

«Père, gardez-vous à droite, gardez-vous à gauche!»

Pas de coup du père François possible.

Dans l'idée, cet insecte horriblement prolifique, il a débusqué la larve et la nymphe.

Il retourne le tissu. L'envers, qui se cache, vaut l'endroit : « Montrez vos mains. »

Proust rumine au ralenti. Valéry spécule à l'accéléré. Le hoplite et le vélite.

Valéry voudrait sortir de l'homme. Que ne

donnerait-il pour voir le monde, l'espace d'une minute, avec l'œil d'un loup-cerveau !

Que ne donnerait-il pour se sentir, un matin, à l'heure du lait plat et du pain tendre, une circonvolution tout à fait nouvelle et miraculeuse, qu'il pourrait combler de satisfaction !

* * *

— Les deux pigeons.

Valery Larbaud parcourt le monde, avec un merveilleux bagage, à la recherche de son étoile, qui brillait ici même, « au-dessus de sa tête », et se tuait à lui faire de l'œil, sans attirer son attention.

* * *

— Apollinaire a joué le hasard, le plus souvent avec bonheur, parfois avec une veine insolente. Il fait un pâté sur sa page, la plie, la raye avec l'ongle dans tous les sens, l'ouvre, et ça a donné de jolies figures, qu'il n'a pas grand'peine à arranger.

* * *

*
* *

L'artiste contient l'intellectuel. La réciproque est rarement vraie.

*
* *

L'intelligence, c'est parfois de l'art qui fait sa cour, et plaide l'innocence, ou la bonne foi.

*
* *

L'intelligence, c'est parfois de l'art qui n'a pas de bagou, pas d'usage du monde, et fait recevoir par sa femme.

*
* *

Il y a un abus de l'intelligence, comme il y en a un du sentiment.

L'une, pas plus que l'autre, ne manque de moyens de chantage.

*
* *

L'intelligence, quand elle abuse, mange son bif-
teck à la loupe.

*
* *

L'intelligence sera collective. Il y aura des machines
à fabriquer de la pensée. Tout sera métis. La terre
sera peuplée de métis.

*
* *

...Besoins occidentaux. Besoins croissants d'accé-
lération, de jugements rapides et provisoires. Course
aux conclusions bâclées. Ressac d'une salle de machines. Jet précipité, granité, d'une fabrique de
comprimés, dans les idées et dans les actes. Tout ce
qui saute sur la connaissance comme une tique,
tout ce qui court au besoin de savoir, de savoir tout
de suite, et d'en finir, arrache l'homme, par saccades
de plus en plus dures, à l'égalité d'esprit qu'il faut
pour produire, au loisir, à la lenteur, à la caresse
profonde, et le tire de plus en plus loin de toute
sorte de bonne grâce.

KRIEGSPIEL

Pour paradoxal que je passe, je n'étonnerai personne si je dis que Werth n'a pas de talent comme pastelliste. Il ne taquine pas la nuance. Il ne possède pas la tendre boîte où dorment comme des chrysalides, ô futurs papillons qui ferez bien dans l'or, les cérithes aux noms chéris des femmes : une flûte de Pan de lilas, de rose et de mauve. D'abord, Werth casserait ses pastels. Mais pour la musique, il n'en craint pas. Les cuivres surtout sont de premier ordre, bien que peu constants. C'en est presque de la musique militaire. C'est saint Jean Bouche de Cuivre. Quand il est désaccordé, quel couac ! Mais quand il est accordé, quel coup de gueule ! Amis, vous vous souviendrez toujours des dîners chez Philippe et chez Francis, de Carnetin, de la crèmerie Brunat, de la proue sur la Seine et des soirs d'été dans l'île Saint-Louis, pauvres poètes, quand les bateaux-mouches glissaient comme des silures aux bouches tristes ! Marguerite Audoux, Jourdain, Yell, Chanvin, Larbaud, Ray, Gignoux, Werth, nous sommes les derniers tenants du groupe. En dépit de l'inconscient monstrueux qui nous travaille, en dépit des malentendus, des affaires, de la galette, en dépit des concessions, des rancunes, en dépit de nos pauvres nerfs, serrons les rangs, sentons-nous les coudes.

Toutes ces histoires de rogne et de musique se passent dans le caractère de Werth comme dans ses livres, ça ne fait qu'un. Ça m'a agacé, j'en ai souffert, mais je retiens de son grand talent son grand courage. Car il est courageux comme peu de gens au monde, courageux comme l'était Mirbeau, naturellement. Ce n'est pas, comme on l'a dit, un brillant lauréat du Conservatoire de la Révolte, ce n'est pas un prix d'Excellence de Courage, c'est un grand champion. Aucune puissance humaine ou mécanique ne peut l'empêcher de rouspéter, de réagir à l'injustice, d'engueuler les entripaillés, de dire leur faits à quelques pontifes de la fortune ou de la littérature, à ces richards qui s'amusent des souffrances des autres et marchent sur les pieds d'un artiste, à ces mécènes qui se croient les Nérons de l'Art et qui le traitent comme une maquerelle fait de ses pensionnaires, et devant lesquels, par lâcheté, par défaillance nerveuse ou par vice mièvre, beaucoup de monde (et pas du plus bête) se masturbe avec crainte et tristesse. N'essayez pas de faire Werth à la conversation, n'essayez pas de l'avoir avec de bonnes paroles. Il ne sera jamais content. Il ne veut rien savoir. Il est toujours là pour crier, contre l'argent, contre la force, contre la m...

Ne me dites donc pas que ça ne sert à rien. Vous m'obligez à vous répondre par l'influence de la parole et des livres sur les mœurs, et j'ai horreur des lieux communs : Dieu lui-même a besoin de cloches. Le régiment marche à la clique. Au commencement fut le Verbe. Etc.

Il y a quelques années, Florent Schmitt repoussa d'un négligent orteil un grade de chef de musique militaire, sous prétexte que ça manquait de cordes, et qu'on ne voulait pas lui accorder de cordes. Puis, pendant quelques temps, on n'entendit plus parler de rien. Mais, comme disent les diplomates, tout est dans rien, et les diplomates surveillaient. Des conversations chuchotées dans les palaces, aux Affaires Étrangères, au rapport de la Place. On tirait, d'un air précieux, d'un étui en maroquin écrasé, des cigarettes à

bout d'or. Dans l'espèce, vous êtes indiqué pour cette
mission difficile (*Un peu* de feu, s'il vous plaît).

Soudain, la foudre éclata sous la forme d'une
sédition militaire. On décida d'empêcher Florent
Schmitt de faire de la musique. Mais le bougre,
avec sa petite brosse de colère au-dessus de la bouche
et son lorgnon taché d'œuf à la coque, avait la
musique chevillée au corps. Les bureaux de recru-
tement s'encrassèrent à vue d'œil. De vieux capitaines, le képi foulard à viscope de bat d'Af' ren-
versé sur le châgnon de leur col apoplectique, en
bras de chemise ou dans un chandail percé aux
coudes, leur flottard à la braguette déboutonnée
descendant en lampion sur des vernis à bout Carnot,
scribouillèrent des Invalides à la rue Saint Dominique.
La tourbe des mouchards, des concierges et des bran-
leurs déferlèrent aux portes. Des ombres vermiformes
rampaient dans la nuit de Latour-Maubourg. Florent
Schmitt écrivait un psaume.

Le Conseil Inférieur de la Guerre, dans une réunion
plénière et dernière, et sur le rapport des généraux
Pâlotte de la Fuite et du Fer de l'Artigerie, décida
que le seul moyen de réduire Florent Schmitt était
apparemment de le tuer. Des raids cernèrent la ban-
lieue. Florent demeurait introuvable. Il était caché

sous son psaume. La cavalerie s'épuisait. Les vieux sous-offs cherchèrent des rosses. Hélas, plus de remonte : Les passions s'endormaient. La 1re section de l'E. G. D. L. s'émouvait. Les poètes encombraient les salons et les boxons, couchés sur les pianos mécaniques. On était à la merci d'une dénonciation de pipelet, de crémière ou de père noble. On traquait les hommes sur la vaste terre. On tendait brusquement des chaînes autour des vespasiennes et on en prenait comme ça quatre ou cinq. Si c'était dans les tasses comprises entre la Madeleine et l'Olympia, on en choppait huit ou dix. En désespoir de cause, on dirigea sur Paris l'E. M. du 69e régiment du Génie-Supérieur, en garnison à Limoges. Ces pauvres gens, victimes des plus rouges injustices, menaient une vie de rentiers de province, dans la ville immobile comme un îlot dans un rapide, et peuplaient les cafés, les jardins, les terrasses. Quand un rare soldat de 2e classe traversait la Place d'Armes, seul comme une mouche attardée l'hiver, ils se levaient tous d'un même mouvement et le saluaient militairement. Ces gradés arrivèrent à Paris par des trains semi-directs et dans des conditions déplorables de nourriture et de sommeil. On les mit en subsistance aux Magasins Généraux, comme il était convenable. Quand le temps fut venu d'agir, le Génie mina le périmètre. Une harde de colonels de gendarmerie fut attendre, une nuit, rue Damrémont, devant sa porte, Schmitt qui rentra fort tard. C'est alors qu'un commandant de pharmaciens de l'Active essaya de l'attaquer avec une bouteille d'urine. Il fut rapidement mis hors de cause, et Schmitt eut le temps de se faire ouvrir la porte et de refermer son Psaume avec un bruit de tonnerre! Mais le quartier était cerné, les lendemains étaient peu sûrs, et comment résister au nombre!

Au matin, les cris d'appel de Schmitt, soutenus par son psaume et transmis par les marchandes des quatre saisons, nous parvinrent sans trop d'encombre sur les ailes de la musique et de la lumière. Werth et quelques amis, dont j'étais, nous nous mîmes en campagne. Contre le 69ᵉ Génie, nous mobilisâmes le 1ᵉʳ Talent. Nous fîmes ensemble tous les luthiers, tous les marchands d'instruments de musique de la ville, depuis Caressa jusqu'à Jérôme Thibouville, et nous parvînmes enfin à constituer cet orchestre monstrueux de dix exécutants, qui, puissamment armé de triphtongues, de saxotartes, de trimbalets, de tromboches, de pangifles, de mitrailleuses et de fusils à derrière prêtés par ces dames, et jouant sans relâche le psaume, prit assez rapidement le meilleur sur les Pères Nobles, sur Guillaume et sur Marolles, fit taire l'artillerie rhomboédrique du Conseil Inférieur de la guerre, et rendit les nôtres à l'Art, « puisqu'il faut tout dire, à la fin des fins ! »

PORTRAITS DE FAMILLE

Pas d'explications à donner, pas de commentaires,
pas de plans sous-jacents à dégager, pas de jargon :
c'est écrit dessus. La joie de peindre s'y étale, s'y
beurre, y chauffe comme dans une bonne cuisine,
avec une évidence ardente et tranquille. Gaboriaud
a des sens en excellent état. Il peint comme on se lève
de bonne humeur, comme on s'étire, comme on
chante en faisant sa toilette. C'est un homme de la
campagne. Les amis arrivent par le train de onze
heures. On les attend par le chemin de terre, au
bout du village qui sent la pierre chauffée et la bou-
langerie. On les accueille avec un rire écarlate et des
injures époustoufflantes. On rentre déjeuner. Le soleil
donne tous ses cuivres. Le long des haies, les fleurs
éclairent la Bourse aux insectes, et brûlent leur couleur comme un foyer répand sa chaleur...

Lorsqu'au déclin du jour, assis sur la bruyère,
Avec un vieil ami tu bois en liberté...

Or, sachant manger, nous prétendons boire.

Gaboriaud empoigne la nature à bras-le-corps, il ne la connaît qu'à mains plates. J'ai l'impression d'un passage rapide, d'une prise directe de l'homme à l'objet. Il l'embrasse de toute sa carrure, et ils roulent ensemble dans le pétrin. Mais quelle matière sort de cette étreinte puissante ! On pense tout de suite à d'excellentes choses, à de la crème double, au regard innocent et chaud d'une poitrine de femme, à de la pleine peau et à de la pulpe, à des étoffes jaunes à plis droits, à des murs gras de vieux villages, à une carrière de marne au crépuscule, au gant de cuir blanc d'une fleur épaisse. Un paysage d'une douceur sévère, étendu au pied d'une longue colline, commence à se froncer sous le soir qui rampe, et rétracte les branches de trois arbres maigres comme les pétales d'une encrine inquiète. — Un pommier fou de chaleur tord et déchire son linge blanc et le lance contre le soleil. — Nous sommes à la fenêtre avec des camarades : La rivière sort lentement de la ville entre des maisons peintes comme un jeu de cartes de Jacquemin Gringonneur, et, là-haut, la Cathédrale d'Amiens commence à s'accroupir et à bleuir dans la journée qui s'écoule, et à replier ses fortes pinces pour le soir, sous un ciel fait pour l'ardoise et les martinets.

La peinture de Gaboriaud est une peinture de santé, de raison, de franchise... Pas de mièvrerie, pas le moindre trompe-l'œil, pas même cette adresse licite... Un travail sérieux, de fortes bases, une solide conduite de la pâte, un emploi savoureux et mesuré du couteau. Le peintre connaît parfaitement son affaire. Mais le métier, à force de vigueur honnête et d'attention passionnée, dépasse l'objet et le rendu. Gaboriaud, peut-être sans le chercher, démasque l'aspect loyal et perfide qu'il a devant lui... Il avance, il appuie, et, d'une poussée brusque, il embarque tout ce qu'il faut. Le voilà qui se rend maître et touche au visage du mystère, qui est souriant et difficile...

CHARLES WINZER

Vous verrez comme moi chez Winzer ce qu'il faut qu'on ait de l'amour des maîtres, (il a du goût pour le Tintoret, Greco, le Primatice), un amour étendu, varié, refondu par la vie, une exécution libre et large, une couleur riche et sourde, une sorte de spleen gourmand, de tristesse sensuelle.

Qu'en dis-tu, voyageur, des pays et des gares?
Vas-tu cueillir enfin l'ennui, puisqu'il est mûr,
Toi que voilà fumant un maussade cigare
En projetant une ombre absurde sur le mur?...

Le peintre sort d'une fête (après tant d'autres « en étrange pays »). Un punch d'air le flambe au visage.

La rampe donne un peu de lumière bleue. L'aube
s'élève, pleine de poules d'eau et de lophophores.
Elle a dissipé les danses macabres qui tournaient
dans les salles et dans les jardins de la demeure seigneuriale. Le fantôme de Weber ramène la nasse
des lustres. Les squelettes ont posé leur chapeau
haute forme, ils ont rassemblé tous ces instruments
d'un travail dont nous ne savons pas encore le fin
mot, cette tête pour jeu de boules, ces compas, ces
couverts, ces trousseaux d'ossements, et ils sont allés
ranger tout cela chacun dans son plumier. Silence.
Ils sont tous couchés maintenant dans leur boîte,
comme un instrument de musique. On n'entend plus
que les oiseaux qui s'éveillent, pleins de questions
naïves. Le poète, fatigué mais tendu, gagne les quais.
Moment délicieux, le collet relevé, première ciga-
rette, tour rapsodique... Hier l'amour... Bousculade
polie des rêveries et des songes, les Quais, Saint-
Cloud, Versailles, un souvenir qui bat des ailes et
glisse entre les doigts. *(En ce moment, où est-elle?)*
Hier, le pompier de Médrano avait l'air d'un guer-
rier de Bouvines. Adrienne Monnier ressemble à
une héroïne de la Révolution française... En face,
la Seine roule à pleins bords, sulfureuse. De l'autre
côté, c'est le quai de Béthune où habite l'ami Chanvin.

Par la grille du Jardin des Plantes, on voit une espèce de zébu, immobile et lourd, comme un meuble débarqué par les dieux, sans compensation, tête basse, et des oiseaux tristes qui font le gros dos près de leur rocher de photographe, et la grue trompette et le paon blanc qui s'étale par terre sont là comme des actrices dans une gare, la nuit, ou comme des mondaines surprises dans une rafle et gardées dans un coin, avec leur manteau de soirée; il n'y a rien à faire qu'à attendre...

Gaboriaud, qui est peintre aussi, est un grand balancier net, un grand marin sans graisse, au teint coloré, au visage bien raclé, les traits longs et fins se meuvent en ordre comme par des courroies. Le visage de Winzer semble immobile. (*Oppose un œil anglais aux sites de colère...*). Mais Winzer est un dandy tendre. Si tu le regardes mieux, tu vois que le moindre trait, le plus petit méplat semble bouger, sur place, imperceptiblement, d'une sensibilité aux lueurs inquiètes, d'un désir, d'une émotion contenue. Il rougit, elle va sortir; voilà : il a un nouveau chapeau en taupeline chair, rectifiée, et douce au toucher comme un jeune chien, ruban noir, un peu large, une merveille... Clark entre, balancé par sa canne et riant comme un jet d'eau... Grand amateur de musique. On ne joue jamais le Premier Quatuor de Borodine, la Symphonie Inachevée a figuré quatre fois au programme en dix ans, on ne joue plus jamais les quatuors des Vendredis de Glazounow, et la Rapsodie Orientale n'a pas été jouée à Paris depuis l'Exposition de 89. « J'en mangerais ma tête! »

CAQUETS DE LA TABLE TOURNANTE

(PREMIER RÉCIT DU NAUFRAGEUR)

A Jacques-Émile BLANCHE

qui me fait observer que la table tournante en prend à son aise avec les époques. Les tables tournantes, je l'ai dit ailleurs, chevauchent les âges avec une facilité notable. Les tables tournantes sont antiquaires.

Il me dit aussi que ladite table oublie le bambou, comme la peluche. Il faut faire droit à cette remarque.

L.-P. F.

Le temps me manque pour parler de Proust comme je le voudrais ; il y faudrait, n'est-ce pas, des volumes. C'est long. Il faut du temps avec Proust. Il vous attire dans son rythme, comme les bègues et les bavards. Et non pas seulement sur son ouvrage, mais sur sa vie et la nôtre. C'est toute une atmosphère et c'est toute une époque, dont il a pris tout le génie, comme un coussin de famille richement, tristement imprégné d'odeurs... Et c'est une époque en plusieurs périodes. La première, qui démarre quelques années après Mac-Mahon, (Proust est l'homme de communication avec le second Empire ; il n'y avait pas si long-temps que le prince Jérôme, enfin Plonplon, coiffé d'un haute forme aux lourdes volutes, beau comme une Compound, n'arpentait plus l'avenue des Champs-Elysées, où il se rendait lentement au-devant de madame de Canisy. Proust aurait pris part à la dictée de Compiègne. Napoléon l'aurait fait sénateur. Il lui aurait dit : « Mérimée ne vous aime pas, parce que vous êtes bon. ») — Deuxième période, celle qui suit l'Exposition de 1900. — La première, qui se repose des convulsions de 70-71, comprend le dernier état paisible de la société française, et cette belle renaissance naïve, dumafiste et massenétique, avec le grand-père Augier, l'oncle Sarcey, Gounod, (quand on lui présentait quelqu'un, il le prenait par la tête et le regardait profondément), jusqu'à Daudet et Maupassant, Bourget et Loti, et qui finit aux automobiles ; l'autre, où l'Europe fait mal son ménage, ne sait plus brouter en paix son échaudé, met du vent dans les voiles, rage par Nietzsche, chante par Debussy et par Ravel, et voyage par Barnabooth.

Il y a des années, quelque vingt ans peut-être, que j'ai rencontré pour la première fois Marcel Proust, dans un endroit que je ne sais plus préciser.

(Il y avait là Marcel Schwob, Jean Lorrain et aussi, je crois, M. Charles Whibley.) Tout d'abord, il m'agaça beaucoup, pimponné qu'il était, la figure un peu molle, la bouche en cœur, la voix galantine, comme ganté trop juste, tout le maintien d'un qui s'écoute parler, d'un homme heureux, facile et qui n'a pas d'histoire, et tel, à peu près, que le peignit Jacques-Emile Blanche. Son charme n'agissait pas tout de suite, « c'était celui du mancenillier ». Mais il me séduisit peu à peu, sourdement, parce qu'il m'était contraire, comme une femme irritante et qu'on va aimer, et par son air d'extrême civilisation. Et je me rendis rapidement compte qu'il m'apportait le parfum d'un tas de choses mal oubliées, des choses ridicules, que j'avais désirées, que j'avais failli posséder, et que je n'osais plus espérer.

J'avais été élevé solitaire, pas de famille, pas de jeunes filles, pas de frères, pas de sœurs, pas d'amis, pas d'argent, pas de timbres-poste. Les parents vous aiment, mais si sérieusement, malheureux eux-mêmes, et dans un esprit d'étrennes utiles. Mais enfin, ça se tenait dans une atmosphère passablement bourgeoise, un petit appartement à Passy, élève au Lycée Janson, le lycée chic de l'époque. Nous avions une voisine qui était madame Clément-Duvernois, la veuve du ministre de l'Instruction Publique de Napoléon III. Des papiers, des lettres, toute une correspondance de l'Impératrice, de Morny, de Persigny, de Rouher, toutes les photos des hommes politiques, des capitaines aux gardes, mademoiselle de La Rochefoucauld, Winterhalter, Nieuwerkerke, Offenbach, les Dames d'Honneur, le général d'Allonville, Cochonnette et Salopette. Et des histoires à n'en plus finir. Si je tombais là-dessus maintenant, quel renfort pour M. Frédéric Loliée ! Madame Duvernois était encore belle, avec un sourire calligraphique. Le dimanche, elle me conduisait au cirque d'été, Concert, elle disposait soigneusement contre moi ses jupes odorantes, et je l'aimais. Je vois encore le père Lamoureux arrêtant net son orchestre et foudroyant du regard les retardataires jusqu'à ce qu'ils se fussent assis. Belles dames, rires étouffés. Pauvre enfant ! Je faisais mon entrée dans le monde, je pressentais les salons, les « dîners priés », l'élégance. Je rêvais d'une voiture de maître, je brûlais d'être admis au vernissage. J'y fus un jour, tout seul. J'attendais longtemps à la porte, espérant je ne sais quel miracle, quand tout à coup vint se ranger, dessinant une gracieuse accolade, le coupé carmélite de Madame de Roosmalen, mère d'un de mes camarades de classe; ils en descendirent et me firent entrer. Ils me nommèrent les notabilités parisiennes, on vernissait réellement les tableaux dans ce temps-là, les vieux peintres en veston de velours bordé, juchés sur des échelles roulantes, prenaient des contre avec leur appuie-main. On portait des haute forme à bords plats : Un ménage d'artistes, lui, Tartarin des Beaux-Arts, elle, sauvagesse débonnaire et mal maquillée : « Eh bien, je crois que tu l'auras cette année ta première médaille! » Je ne dégrisai pas de vingt-quatre heures. Un petit mouvement de fièvre au lit le soir. (Tu ne dors pas. Es-tu malade?) Encouragé, j'allai une autre fois, avec un camarade de lycée bien choisi, à l'entrée de l'exposition annuelle de l'Epatant. Mon ami, qui avait du monde, me dit : « Tu vois celui-là, c'est M. de Massa ». Et je vis un petit homme, tout carré, coiffé à la Bressant, barbiche et moustache à l'impériale, et qui s'agitait et grondait gentiment tout le monde avec une vivacité de chef de rayon. Nous nous avançâmes. Il était déjà parti. J'abordai au hasard un clubman charmant, à la moustache de chat, au visage à la fois cruel et doux, roué de la cavalerie, véritable démon de roman psychologique, jaquette noire et tube, et lui demandai s'il pouvait nous faire entrer. Il m'accueillit avec la grâce la plus parfaite, quitta un instant le groupe d'amis avec lequel il causait, et me rapporta une carte qu'il me remit avec un gentil sourire. On me dit que c'était M. de Barbacane. S'il vit encore, qu'il soit remercié ici.

Bref, j'étais mordu. Tout ça dura jusqu'à l'âge de seize ou dix-sept ans. A la suite d'un de ces malentendus dont on ne guérit pas, notre famille nous récusa définitivement. Nous quittâmes Passy. Nous allâmes habiter près de la gare du Nord. Je changeai de vie, je connus des quartiers sévères, des réalités grinçantes, des passants plus sombres, des trains qui se plaignent, des canaux, des fumées, des usines, des bruits de travail, des coups de marteau dans des cours. Je sentis mes espérances doucement me quitter. Je devins une jeune brute. J'aimais les grues. Depuis, hélas! j'ai connu les femmes du monde.

Une voix tendre de berger rassemble les troupeaux le soir; une parole sur le cœur, un coup de gong dans le jardin ramènent et groupent en essaims les souvenirs et leurs abeilles. Tout ce qui m'avait abandonné, tout ce qui m'avait renié, la voix de Proust me le rapportait. Un appartement clair plein de bibelots bien choisis, paisible, des entretiens sans fâcheries, des voix travaillées et luxueuses, mes premières « visites » qui menaçaient d'être les dernières, Passy, l'adolescence heureuse, une vision de la Fête des fleurs... Les ronds dans l'eau s'élargissaient... Le Palais de l'Industrie, avec sa Gloire décernant des couronnes à droite et à gauche. L'ouverture des Aquarellistes chez Georges Petit. On se pressait devant les fleurs de Madeleine Lemaire, devant les « mythes » de M. Guillaume Dubufe le fils, l'exécution au petit point de M. Friant laissait à dire. Les paysages de neige de Duez, « qui était aussi un admirable peintre de fleurs ». Les aquarelles préhistoriques d'Albert Besnard faisaient scandale. On disait que Charles Toché avait décoré tout un château aux environs de Paris, où il s'enivrait de Bénédictine et de vin Mariani en compagnie d'amis drapés de pourpre et qui ressemblaient tous au cardinal Lavigerie (lequel devait être pape, c'était arrangé, c'était entendu), tandis que les portraicturaient leurs amis Vibert et José Frappa. On inaugurait les modes de la saison. On disait Worth, Virot, Doucet. Il y avait encore des monocles carrés à larges ganses de moire. Le prince de Sagan, gris comme un bouvreuil. Les salons de madame Strass, de madame Stuck, de madame Staff, de madame Yoghourt, de la comtesse Brouillard, de la baronne Soffici des Enviandes. La *Revue Illustrée* publiait les

portraits des maîtres gravés par Guth, en noir avec
le point rouge de la légion d'honneur. Une aquarelle
hors-texte de Paul Machin, c'était une femme au
chignon blond arrêtant pensivement sa lecture sous
une lampe aux dessous champagne. Tout le roman
psychologique tel qu'on le sécrétait alors. On faisait
l'amour en fiacre, stores baissés. Maupassant venait
d'écrire Fort comme la Mort. Les amants tombaient
amoureux des filles de leurs maîtresses. Les grands
hommes d'affaires de l'époque, la serviette bourrée
de comptes fantastiques, hélaient un sapin, cent sous
de pourboire ! et le Collignon cinglait sa rosse :
« Hue Cocotte! » Pierre Loti passait vingt dégui-
sements et donnait des fêtes à Rochefort pour le
baptême de sa chatte. Boldini peignait des femmes
électriques, aux pieds en fer de pioche, aux mains
qui avaient trente-six phalanges. Il y avait aussi les
grands tableaux de médecins, comme sur les baraques
foraines : Pasteur, une leçon de Charcot à la Salpê-
trière, le professeur Péan, une opération de Che-
vallereau. Le prince de Galles passait rue de la Paix,
souriant avec une bonne figure d'homme savamment
nourri. Réjane était en plein génie. Sarah Bernhardt
avait lancé Rollinat et Georges Clairin... C'était
l'époque des ateliers de la rue de Rome, parasols,

râteliers à pipes, Japonisme et Goncourt, tapis sombres, nids à poussière, chasubles, étoles, étains et rouets. On se réunissait pour voir l'envoi du peintre avant son départ. « Alors tu la trouves bien, vraiment, mon aquarelle? Les architectes frais émoulus de Viollet-le-Duc et de Paul Sédille construisaient noir et chalet normand avec des cabochons céramiques... L'été, l'impériale de l'omnibus dans les petites rues où les lampes vont dîner... L'Exposition de 89 finissait, les salles de l'Hygiène étaient vides, jonchées de canettes de bière, les gardiens commençaient à avoir froid et battaient la semelle, la Tour Eiffel ouvrait les yeux sur un ciel couleur d'ancolie, les derniers roulements de tambour de la rue du Caire expiraient dans l'air cru du soir...

Je ne revis Proust que longtemps après, une nuit de réveillon, quai Voltaire, chez madame Sert, dont les fêtes enchantaient nos ennuis. Les salons étaient pleins, les coromandels et les verres filés tournaient et tremblaient sous une bousculade fourrée, toutes les tables étaient prises, il y avait encore au milieu du grand salon quelques personnes inquiètes qui n'avaient pas trouvé de place, immobiles comme des quilles

d'ébène, ou qui s'agitaient comme des insectes détra-
qués, dans le grand jardin touffu, vert et or, des
panneaux de Bonnard. Je reconnus Proust presque
tout de suite. Mais qu'il était changé, tout pâle, avec
des cheveux jusqu'aux sourcils, une barbe bleue à
force d'être noire et qui lui mangeait la figure ! Il me
rappelait, sans que je pusse m'y fixer, des têtes vues dans
les musées, je ne sais quel Greco, quel Solario, quels
portraits de l'Ecole Florentine ou Lombarde, je ne
sais quel Prince Persan. Mais le col de l'habit bâillait
un peu. La manche trop longue couvrait une main
frileuse. Il avait l'air d'un homme qui ne vit plus à
l'air et au jour, l'air d'un ermite qui n'est pas sorti
depuis longtemps de son chêne, avec quelque chose
d'angoissant sur le visage et comme l'expression d'un
chagrin qui commence à s'adoucir. Il dégageait de la
bonté amère... Il y avait près de nous le charmant
Arnold Bennett. Nous trouvâmes enfin une table
et nous causâmes une partie de la nuit. La voix
de Proust était couverte, et je n'y retrouvais plus ces
harmoniques... Il parlait abondamment, avec une
lassitude amusée. Il étendait vaguement les bras...
Ruskin, du travail, un grand ouvrage à pied d'œuvre.
Il était au bord de la confidence, il y entrait avec
douceur, avec une sorte de chaleur triste.

Depuis, je le revis souvent, notamment chez Jacques
Porel qu'il aimait beaucoup. Il sortait peu, il écrivait
des lettres de soixante pages, il vous recevait tard,
et vous eût fait accompagner par son chauffeur, jusqu'en province, à cinq heures du matin. Tout le
monde a passé par là.

J'aimais Proust, mais j'ai été dur à le lire. La première fois que j'y entrai, j'eus le souvenir et l'impression d'un accident qui m'était arrivé quand j'étais
enfant. Nous étions au Vésinet dans une villa en nou-
gat, je tombai dans une mare entourée de rochers de
photographe, mais c'était fichtre de l'eau, j'en avais
jusqu'à la bouche, on me tira de là plein d'animaux
aquatiques, de loches, de dytiques et de sangsues,
j'en avais partout, dans les yeux, dans le cou, dans
les poches, on me changea et on me mit au lit.
Mais quelle réaction, quelle pulsation chaude, quel
bien être je ressentis alors! C'est à peu près dans
le même état que je sortis de ma première lecture
de Proust. Depuis, j'abordai ses travaux avec pré-
caution, je les regardai longuement avant de m'y
aventurer. Il y eut là toute une mise au point, j'appris
la manière de m'en servir, comme d'une femme

qu'on aime et qui vous colle, je repris confiance,
et je m'aperçus qu'à les regarder, qu'à m'y prome-
ner, j'y découvrais tous les jours ces merveilles
nouées où maintenant je me démêle, comme dans ces
tableaux des vieux maîtres ou dans ces gravures de
Bresdin où l'on pénètre peu à peu dans l'intimité du
persillé, du feuillage, de la faune et de la flore, et où
l'on découvre, semaine par semaine, jour par jour
et chaque fois qu'on y retourne, dans les coins,
dans les arbres, sur les pierres, un précieux insecte,
un reptile bien ouvré, une grosse fleur avec une
goutte de rosée, et parfois d'étranges figures éparses
du ciel à la terre, mais dont le mystère, par degrés,
sort de la toile et se dénonce.

P.-S. — C'est tout de même bien embêtant qu'il
ait tant aimé les pantins, les snobs et les raseurs.

Le marquis *de Gourdincourt*, qui vient de s'éteindre
en son hôtel de la rue de Varenne, était le fils aîné du
marquis *de Gourdincourt* et de la marquise, née *Cabane la
Palette*, le petit-fils du marquis *de Gourdincourt*, sénateur,
député de Sambre-et-Meuse, et de la marquise, née *de
Mortaurat*, morte il a quelques années, à l'âge de cent
cinq ans.

D'une volonté tenace et d'une très grande intelligence,
le marquis *de Gourdincourt* laissera dans le monde des
sports la réputation d'un homme de grande énergie et
d'une adresse incomparable, qui lui valurent d'innom-
brables grands prix, **tant** comme tireur au pigeon, tireur
de chasse, que comme escrimeur et homme de cheval
accompli.

Aimant les animaux par-dessus tout, cet impeccable et
parfait cavalier consacra pour ainsi dire sa vie à la cause
du cheval français, cherchant, dans ses herbages de
Normandie, à améliorer la race par des croisements judi-
cieusement choisis et des méthodes de dressage très
personnelles, qui furent immédiatement adoptées, du
reste, par beaucoup d'écoles de cavalerie de France et de
l'étranger.

Non moins doué au point de vue littéraire, il occupait
ses loisirs à écrire des livres de sport d'un extrême
intérêt, tels que *la Battue de perdreaux*, *le Dressage en*

*liberté des chevaux d'obstacles, la Chasse à courre à l'orni-
thorynque et au tatou,* dont le second volume reste mal-
heureusement inachevé, *le Paradis des chevaux d'obstacles,* etc.

D'un esprit fin, cultivé et élégant, il laisse de plus
quelques romans, dont plusieurs inachevés, et d'exquises
poésies, qui dénotent chez lui autant de talent que
de présence d'esprit et d'excessive modestie.

Camarade fidèle, loyal et dévoué, celui dont la vie fut
d'une incroyable intensité, sut, dans ses derniers mois,
être un modèle de patience, de grand courage et de
résignation chrétienne. Ce gentilhomme de vieille souche
sut souffrir et mourir sans s'être jamais plaint, ne se
souvenant que de Dieu, de ses vieux amis et des siens,
brave en face de la mort comme il l'avait été toute sa vie.

*
* *

La comtesse *de la Morancourt,* qui a loué l'appartement
du Prince de Galles au Craven Lodge Club, Melton
Mowbray, jusqu'au 1ᵉʳ février, avait ses deux jeunes fils
auprès d'elle pendant les vacances de Noël, les vicomtes
Guy et Gontran, âgés de quatorze et neuf ans. Leurs
selles étaient bonnes. Le premier reprendra ses cours à
Paris cette semaine. Bien que la comtesse soit depuis six
semaines seulement en Angleterre, elle s'est déjà fait de
nombreux amis et a prouvé sa supériorité à la chasse au
renard, même dans les courses les plus rapides.

*
* *

Monsieur,

Permettez-moi de vous donner les prix du personnel, presque indispensable, que je fournis pour les fêtes élégantes, comme le sera sans doute la vôtre :

Un chasseur 6 pieds 1 pouce de taille, garni de toutes ses plumes : 25 francs.

Un maître des cérémonies, voix claire, et répétant sans la moindre incorrection les noms les plus russes et les plus allemands : 19 francs.

Le même, avec chaîne d'argent contrôlé : 23 francs.

Un général polonais, en uniforme : 9 francs.

Le même, couvert de crachats et parlant un peu sa langue : 14 francs.

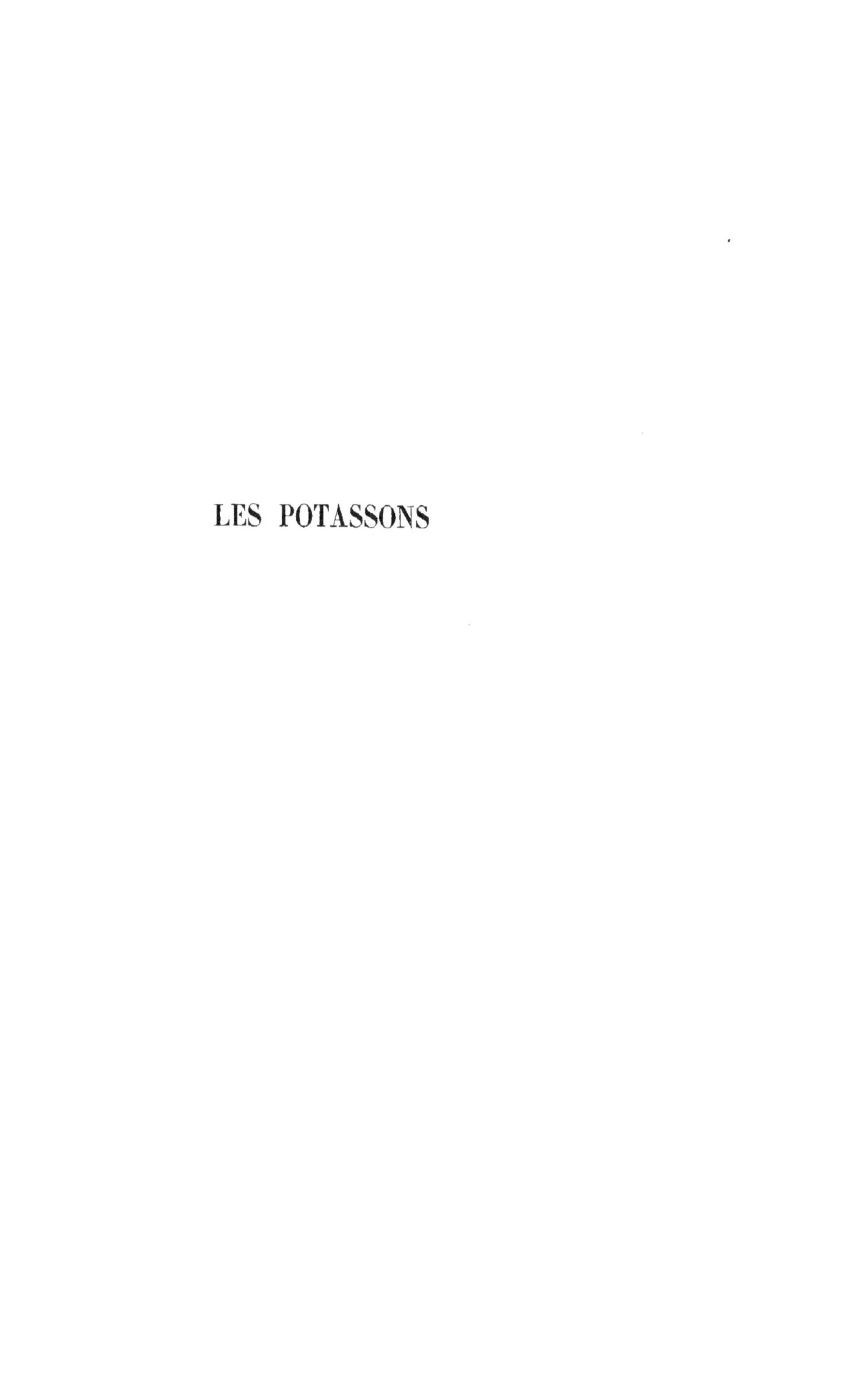# LES POTASSONS

Ces Messieurs les poètes entrèrent dans la ville. L'auto, perçant les derniers réseaux organiques, les derniers vitraux d'insectes, avait son museau collé d'animaux qui vibraient encore. Ça sentait la peinture chaude et le véritable miel de la canne à sucre.

On vit nager en plein ciel, à la pointe du grand mât de la Thébaïde, les deux fanions bleu et blanc et blanc et jaune, hissés fiévreusement par des huissiers à chaîne. L'Empereur se réveilla dans sa boîte. L'officier de service aux cabinets fit sortir le poste, sonner de la trompette, et tout le monde fut fixé.

Les bourgeoises de la ville, claquant du bec, leur retinrent à l'hôtel du Grand-Espoir la chambre de l'archevêque, qu'ils n'occupèrent d'ailleurs point.

Ils avaient aperçu Marolles.

Les eaux tissaient toujours leurs voilettes chantantes. On avait fourbi les cuivres et les courbes des sources inguérissables du modern-style. Dans le parc rôdaient les fantômes des belles étrangères ictériques, plus vertes que jaunes, dures et sottes à souhait, avec un goût pour la dentelle paraguayenne que je ne partage pas. Les Bourbons noceurs descendaient silencieusement d'automobiles aux lanternes allumées et voilées de crêpe devant la demeure seigneuriale de Madame Marsepoil. On chercha les poètes, on ne les trouva pas.

Les lettres les suivirent, couvertes de timbres et de griffes. Les mères s'attristaient. Les plats refroidissaient. Les vieilles servantes retournaient dans leur cuisine en gémissant. Les amis se rencontraient sous leur porte. Julienne, en Assistance de Complication n° 2, brossait tristement l'envers de leurs bretelles mortes. Marguerite Audoux composait des prières. Excelsior veillait jusqu'à l'aube. Delange épuisait toutes les cinq minutes une cafetière géante. Scarabin raisonnait le commissaire. Maleissye apprenait le banjo. Gilbert-Charles préparait St-Cyr. Raymonde Linossier travaillait le Droit Goulifon. Colette Debat changeait d'automobile. Haydée, Louise, Mercédès, Arturova, la Sorcière, téléphonaient heure par heure. Adrienne Monnier commanda cinq plafonniers artistiques, verres et émaux spéciaux brevetés.

Les Gâs du Berry les attendaient sur la place

de Chaillac, bistoquette en tête, M. Couci les espérait devant l'église de Gargilesse. Un rassemblement parlait d'eux sur un petit rond-point deuxième Empire, en comptant les poissons rouges qu'ils avaient semés dans le bassin avant de partir. Un intendant militaire, leur ennemi personnel et qui n'avait plus sa partie sans eux, s'étiolait dans une pâtisserie de la préfecture. L'Authors' Club se réunit nuitamment. Des lords vendirent leurs terres pour acheter un exemplaire de *Ulysses*, (éd. Sylvia Beach). Demarquette se maria. Le Pape demanda une permission de théâtre.

Les troupes françaises se massèrent le long du Canal Saint-Martin. Pivet passa capitaine. Saint-Victor sonna le tocsin, secouant les ombres du Muséum qui changèrent de pied dans leur vitrine. Marcel Ray s'empara de la Présidence du Conseil, et les renseignements arrivèrent enfin. On sut comment ils couraient les routes. On les avait vus dans un hôtel du Centre, dans une salle toute bossuée de fruits confits, toute jonchée de coupures de soleil, penchés comme deux nuages crépusculaires à forme olympienne au-dessus des falaises du Gros-Bleu, du Saint-Nectaire et du Roblochon. On télégraphia de Toulouse que Tivollier leur préparait une chambre pour la fin de la semaine. On les vit un jour à Wiesbaden, essayant un Eversharp à musique avec Benoist-Méchin, plus tard à Gênes avec la Conférence, à Bruges avec Verbeke, à Bruxelles avec Madame Orban.

Fleuriel, Bourges, Argent, Mandres, Ygrande, Cérilly, Saint-Denys-l'Aréopagite, Munich, Rangoon, Hecatompylos... Ils prirent à Amsterdam un petit bateau d'acajou qui sentait la cuisine au beurre fin. On sut qu'ils avaient traversé la mer pour aller revoir une jeune institutrice qu'ils avaient rencontrée, l'année précédente, dans le chemin creux d'un petit village. De grands trains de laque rouge et blanche aux lunettes d'or les emportaient, semant des joyaux. Vers le soir, la théière allumait sa flamme bleue sur la tablette, et le reflet des lampes glissait tristement sur les eaux et sur les talus comme un monôme de souvenirs fidèles. Avec des inconnus séduits et spleenétiques, ils parlaient de Iehl et de Philippe, ils parlaient des jeunes filles, ils parlaient des livres, ils parlaient des morts. Ivres de tendresse et d'ingratitude, ils fuyaient ceux qui les aimaient...

Les nouvelles cessèrent.

Un soir, ils descendirent d'un train bizarre à la locomotive en forme de trombone, puis, quand la musique fut finie, ils prirent un transatlantique, un rapide, un bac, un tortillard, et arrivèrent dans la nuit, sans être reconnus, à Saint-Pourçain-sur-Sioule, où ils virent de la lumière chez Raymond l'Imprimeur, qui avait sorti sa presse à bras sous le bolet vert de la lampe, et travaillait à la main, oui mon vieux, à la main, pieusement, au premier volume des Œuvres Posthumes de Valery Larbaud et de

LÉON-PAUL FARGUE

TABLE

TABLE

Il a été tiré de la présente édition 577 exemplaires, à savoir :

Huit exemplaires sur Chine, dont trois exemplaires hors commerce marqués de A à C et cinq exemplaires numérotés de 1 à 5.

Douze exemplaires sur Vieux Japon teinté, dont quatre exemplaires hors commerce marqués de D à G et huit exemplaires numérotés de 6 à 13.

Dix-sept exemplaires sur Japon Impérial, dont cinq exemplaires hors commerce marqués de H à L et douze exemplaires numérotés de 14 à 25.

Quarante et un exemplaires sur Hollande Van Gelder, dont six exemplaires hors commerce marqués de M à R et trente-cinq exemplaires numérotés de 26 à 60.

Quatre cent quatre-vingt-dix-neuf exemplaires sur Vélin pur fil des papeteries Lafuma-Navarre, dont huit exemplaires hors commerce marqués de S à Z; seize exemplaires hors commerce marqués de a à p; quatre cent quarante exemplaires numérotés de 61 à 500 et trente-cinq exemplaires réservés à l'auteur numérotés de 501 à 535.

Il a été tiré en outre trente exemplaires hors commerce sur Vergé blanc de Vidalon, sous couverture spéciale, destinés à trente souscripteurs particuliers à tous les ouvrages de Léon-Paul Fargue qui paraîtront désormais, imprimés à leur nom et contenant un autographe de l'auteur.

EXEMPLAIRE IMPRIMÉ

POUR

MONSIEUR AZARIA

*Achevé d'imprimer le Neuf
Mai Mil Neuf Cent Vingt-
Neuf, par Aulard, Iung et Cie,
6, r. du Vieux-Colombier, Paris*